MINECRAFT

1ª edición: junio 2022
4ª edición: septiembre 2023

Título original: *Combat Handbook*
Editado por HarperCollins Ibérica, S. A., 2021
c/ Núñez de Balboa, 56
28001 Madrid
harpercollinsiberica.com

Texto: Craig Jelley, 2021
Ilustraciones: Ryan Marsh, 2021
Producción: Laura Grundy
Diseño: Joe Bolder & Andrea Philpots

© de la traducción: Marta Armengol Royo, 2021
HarperCollins Ibérica S. A., 2021

MOJANG
STUDIOS

Publicado originalmente por Farshore, HarperCollins*Publishers*, 1 London Bridge Street,
Londres SE1 9GF (Reino Unido), farshore.co.uk

Agradecimientos a Sherin Kwan, Alex Wiltshire, Kelsey Howard y Milo Bengtsson

Este libro es creación original de Farshore

ISBN: 978-84-18774-38-6
Depósito legal: M-6076-2022

Maquetación: Gráficas 4
Adaptación de cubierta: equipo HarperCollins Ibérica

Impreso en Italia

SEGURIDAD *ONLINE* PARA LOS MÁS JOVENES

¡Pasar el rato *online* es muy divertido! Te proponemos unas reglas sencillas para tu seguridad.
Es responsabilidad de todos que internet siga siendo un lugar genial.
– Nunca des tu verdadero nombre ni lo pongas en tu nombre de usuario.
– Nunca facilites información personal.
– Nunca le digas a nadie a qué colegio vas ni cuántos años tienes.
– No des a nadie tu contraseña excepto a tus padres o tutores.
– Recuerda que debes tener 13 años o más para crear una cuenta en muchas webs.
– Lee siempre la política de privacidad y pide permiso a tus padres o tutores antes de registrarte.
– Si ves algo que te preocupa o te molesta, díselo a tus padres o tutores.
Protégete *online*. Todas las páginas web que aparecen en este libro son correctas en el momento
de la impresión. Sin embargo, HarperCollins no se hace responsable del contenido de terceros.
Recuerda que el contenido *online* puede cambiar y hay páginas cuyos contenidos no son adecuados
para niños. Recomendamos que los niños solo accedan a internet bajo supervisión.

MINECRAFT

MANUAL DE COMBATE

CONTENIDO

¡HOLA!

¡Te damos la bienvenida al *Manual de combate* de Minecraft! Sobrevivir no es nada fácil, porque siempre hay algo al acecho, ya sea tu barriga hambrienta o... Oh, no, ¡¿un esqueleto wither?! Ah, no, solo era una sombra. Una ilusión óptica... ¡¿VERDAD?!

Para cualquier aventurero de Minecraft, el combate nunca anda lejos. Bajo tierra hay mobs hostiles que se desmadran mientras tú minas y aguardan la noche para incordiar a los vecinos del pueblo. ¡El Inframundo (Nether en inglés) está lleno de ellos! Y, además, están los Minecrafters de élite que viven para luchar en emocionantes combates en los que la netherita echa chispas.

Sea cual sea tu estilo de juego, saber luchar es vital. ¡Has hecho bien en elegir este libro de tácticas, consejos, información y trucos!

VAMOS ALLÁ. ¡PREPARA LA ESPADA!

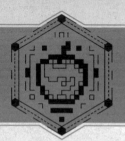

ANTES DE EMPEZAR

SELECCIÓN DE MODO

A continuación, verás trucos y tácticas para enfrentarte a cualquier mob o jugador. Solo puedes luchar con mobs y otros jugadores en los modos de supervivencia y aventura, siempre que la dificultad no esté en modo pacífico. Si te cuesta conseguir algún objeto, puedes cambiarte al modo creativo para obtenerlo.

ICONOS DE MOB

En este libro encontrarás docenas de mobs con diferentes características y recompensas. Fíjate en estos iconos:

El corazón indica los puntos de daño de cada mob. Cuanto más alto, más tendrás que atacar.

20

La espada indica el daño que puede hacer un mob cuerpo a cuerpo en dificultad normal, aunque en difícil puede ser mayor.

6

El arco indica el daño que puede hacer un mob a distancia (en dificultad normal).

22.5

RECETAS

Hay objetos que aparecen con la receta para fabricarlos. Necesitarás una mesa de trabajo para hacer la mayoría de ellos.

Los ingredientes son los elementos de la tabla de 3x3; el producto es el recuadro de al lado.

CONSEJO

Algunas recetas, como las que enseñan cómo hacer armas y herramientas, mostrarán solo una variación. Puedes usar la misma receta con distintos materiales para obtener tipos distintos de herramientas y armas.

Antes de lanzarte de cabeza a luchar contra el dragón del Fin con solo una azada de madera, hay algunas cosas que debes saber para aprovechar este libro al máximo. Aquí encontrarás todo lo que necesitas para entender las siguientes páginas.

ICONOS

Flecha de lentitud	Equipo generado	Pollo crudo
Poción rara	Lágrima de ghast	Bacalao crudo
Hacha	Botella de cristal	Chuleta de cerdo cruda
Polvo de blaze	Rodaja de sandía reluciente	Polvo de redstone
Vara de blaze	Polvo de piedra luminosa	Carne podrida
Hueso	Pepita de oro	Silla de montar
Botas	Zanahoria dorada	Arena
Arco	Pólvora	Scute
Zanahoria	Casco	Tijeras
Caña con zanahoria	Azada	Pala
Carbón	Pantalones	Caparazón de shulker
Adoquín	Disco de música	Calavera
Pollo cocinado	Caparazón de nautilo	Ojo de araña
Cabeza de creeper	Estrella del Inframundo	Palo
Ballesta	Verruga del Inframundo	Cordel
Coraza	Membrana de fantasma	Azúcar
Huevo de dragón	Pico	Espada
Élitros	Patata	Tótem de la inmortalidad
Esmeralda	Poción de cuerpo ignífugo	Tridente
Libro encantado	Poción de curación	Gancho de cuerda
Puntos de experiencia	Poción de rapidez	Caparazón de tortuga
Pluma	Poción de apnea	Caña de hongos retorcidos
Ojo de araña fermentado	Cristales de prismarina	Frasco de agua
Caña de pescar	Fragmento de prismarina	Esponja mojada
Pedernal	Pez globo	Calavera de wither
Pedernal y acero	Pata de conejo	Cabeza de zombi

PREPÁRATE

Un aventurero sabio se prepara siempre antes de pisar el campo de batalla. Eso significa disponer de las mejores armas y armaduras, pero esto no es más que el principio. Explora todo lo que tienes a tu alcance para convertirte en un luchador temible. Desde espadas y escudos hasta alimentos, pociones y encantamientos.

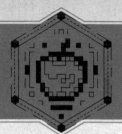

1 INVENTARIO PRINCIPAL

En esta barra tienes los principales objetos del inventario, para que puedas acceder rápidamente a tus objetos, herramientas y armas preferidos.

2 OBJETO SELECCIONADO

El marco alrededor de un objeto indica que está en uso. Con un arma o herramienta seleccionada, pulsa **Usar** para manejarla.

3 DOBLE MANO

Este recuadro permite seleccionar un objeto secundario para la batalla, como un escudo, además de distintos tipos de flechas.

4 BARRA DE SALUD

Los corazones indican la salud que tienes. Cada uno vale 2 puntos. Si recibes daño, irán disminuyendo. Si te quedas a cero, ¡estás perdido!

CONSEJO

El inventario principal está en la parte inferior y es personalizable. Arrastra allí los objetos desde tu pantalla inventario para acceder fácilmente a ellos.

Lo primero antes de entrar en combate es asegurarte de que entiendes lo que ves. La barra de información (Heads up display en inglés) te muestra todo lo que necesitas saber, desde tu salud y hambre hasta las armas que llevas.

5 ARMADURA

Si tienes una pieza de armadura, verás la barra de corazas, que funciona igual que la de corazones: 2 puntos de armadura por icono. Cada punto de armadura bloquea un 4% del daño que recibas.

6 HAMBRE

Los muslos de pollo indican el hambre que tienes. Cada uno representa 2 puntos de hambre. Si se vacía, recibirás puntos de daño hasta que vuelvas a comer. Si baja a menos de 3, no podrás correr.

7 OXÍGENO

Si te zambulles, solo podrás aguantar mientras te quede oxígeno. La barra se rellena si vuelves a la superficie o encuentras una columna de burbujas; pero si se vacía, perderás corazones hasta ahogarte.

8 PUNTOS DE EXPERIENCIA

Al minar, pescar con una caña, derrotar a un mob o completar otras acciones, recibirás esferas verdes de experiencia para subir de nivel. ¡Podrás usar los niveles para desbloquear encantamientos!

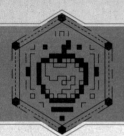

ELIGE TU ARMA

ESPADA

MATERIAL						
DAÑO	5	6	7	5	8	9
DURACIÓN	60	132	251	33	1562	2032

La espada será probablemente la primera arma que uses, y ya nunca la abandonarás. Pues claro, porque está pensada para luchar: es de las herramientas que causa más daño. La puedes encantar y ataca más rápido que la mayoría de alternativas.

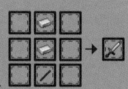

TRIDENTE

MATERIAL	
DAÑO	8-9
DURACIÓN	251

El tridente solo se obtiene de algunos ahogados y es muy versátil en el combate cuerpo a cuerpo y a distancia. Los tridentes se pueden encantar para que vuelvan después de lanzarlos, inmovilizar a un enemigo ¡o hacer caer relámpagos!

CONSEJO

Hay que tener en cuenta la velocidad de las armas. Las espadas causan más daño que las hachas y son más veloces, así que son más poderosas.

No se puede luchar sin ir armado hasta los dientes con un poderoso arsenal. Tal vez creas que con obtener una espada está todo resuelto, al contrario, hay muchos otros objetos y bloques que pueden ayudarte.

ARCO Y FLECHAS

MATERIAL	
DAÑO	1-10
DURACIÓN	384

El arco es un arma a distancia para principiantes. Su daño depende de cuánto tiempo tenses el arco antes de disparar: cuanto más tiempo más daño causará al enemigo. Puedes hacer con ramas y cordel un arco, y una flecha con un palo, una pluma y un pedernal.

BALLESTA

MATERIAL	
DAÑO	9
DURACIÓN	464

La ballesta hace lo mismo que el arco, pero es más lenta y potente. Y tiene un as en la manga: ¡puede disparar cohetes de fuegos artificiales! Si el cohete se ha hecho con una estrella de fuegos artificiales, ¡causará daño explosivo adicional! Se pueden usar hasta 7 estrellas en un cohete para aumentar el daño.

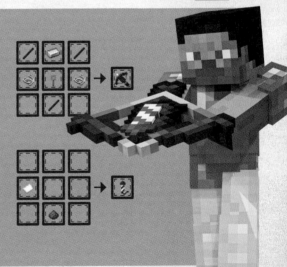

HACHA

MATERIAL						
DAÑO	4	5	6	4	7	8
DURACIÓN	60	132	251	33	1562	2032

Aunque suele usarse para talar árboles, un hacha también es un arma letal, aunque menos potente y más lenta que una espada. El hacha de oro es poco resistente, pero si consigues los materiales para hacer una de netherita, flotará sobre la lava.

AZADA, PALA Y PICO

MATERIAL						
DAÑO	1	2	2	2	3	3
DURACIÓN	55	165	165	77	363	407

Si te encuentras sin un arma tradicional a mano, puedes empuñar una de tus herramientas. Son más débiles que la espada y el hacha y gastan 2 puntos de resistencia por golpe (como el hacha), así que no te durarán mucho. Pero con las versiones de diamante y netherita puedes hacer bastante daño, ¡y siempre será mejor que liarte a puñetazos!

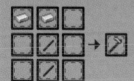
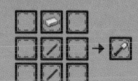
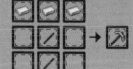

DINAMITA

MATERIAL	
DAÑO	N/A
DURACIÓN	N/A

¡Ahora viene lo bueno! La dinamita es un bloque explosivo que puedes detonar. Destruirá bloques en una onda expansiva que también puede causar daño a jugadores y mobs que tenga cerca. Cuanta más dinamita uses, mayor será la explosión, y cuanto más cerca de la explosión, más daño. Se puede conectar a una redstone para activarla a distancia.

BOLA DE NIEVE

MATERIAL	
DAÑO	0
DURACIÓN	N/A

Encontrarás bolas de nieve al destruir bloques y capas de nieve. Son más un incordio que un arma porque no causan daño, pero pueden hacer retroceder a otros jugadores o a mobs, y van fenomenal para empujar a mobs por un precipicio. Al único mob al que hacen daño es al blaze, a quien la nieve helada no le hace ninguna gracia.

HUEVO

MATERIAL	
DAÑO	0
DURACIÓN	N/A

Igual que las bolas de nieve, los huevos son proyectiles que no causan daño pero sí empujan. Los encontrarás en granjas, así que no tienes excusa para hacer acopio. A veces, al lanzar un huevo sale un pollo, cosa que podría servir para distraer a tus enemigos...

CARGA ÍGNEA

MATERIAL	
DAÑO	5-9
DURACIÓN	N/A

Si has ido al Inframundo, tal vez te hayan lanzado algunas (o muchas) bolas de fuego. Desquítate con las cargas ígneas. Puedes usarlas para encender una hoguera en cualquier lugar, con pedernal y acero, o cargarla en un dispensador para disparar una bola de fuego que causará daño ¡y prenderá fuego al bloque o el mob con el que impacte!

DISPENSADOR

MATERIAL		
DAÑO	N/A	
DURACIÓN	N/A	

Usa un dispensador para ahorrarte el trabajo del ataque a distancia. Además de cargas ígneas, puede disparar flechas, pociones arrojadizas y persistentes, huevos y bolas de nieve, cohetes, cubos de lava e incluso tridentes. Combina el dispensador con palancas, placas de presión u otros mecanismos de redstone para automatizar el ataque y preparar trampas defensivas.

CUBO DE LAVA

MATERIAL		
DAÑO	N/A	
DURACIÓN	N/A	

Si una batalla va mal, un cubo de lava puede ser tu último recurso. Puedes llenar un cubo en cualquier fuente de lava. Al usarlo, crearás un bloque que generará corrientes de lava y quemará la tierra a su alrededor. Genera daños a los mobs, pero inutiliza el campo de batalla. Lo mejor es usarlo desde las alturas...

ARMADURAS Y ÉLITROS

CASILLAS DE ARMADURA

CASCO

CAPARAZÓN DE TORTUGA

El caparazón de tortuga se hace con scutes, que dejan caer las crías de tortuga para crear un casco que te permite respirar bajo el agua. Solo los cascos de diamante y netherita son más resistentes, y ofrece la misma protección que las versiones de hierro y oro.

ÉLITROS

Los élitros, una especie de alas, se encuentran en botines de barcos del Fin y no pueden considerarse armadura, ya que no protegen, pero ocupan la casilla de una coraza. Sirven para realizar ataques aéreos o para retirarse rápidamente.

CORAZA

PANTALONES

BOTAS

Todos los guerreros sufren daño, aunque puedes reducir el impacto si luchas con una armadura. Cada pieza te dará puntos de armadura, que verás sobre la barra de salud. También puedes encantar tu armadura para protegerte todavía más.

CASCO

MATERIAL						
DAÑO	1	2	2	2	3	3
DURACIÓN	55	165	165	77	363	407

Los cascos van en la casilla de la cabeza y protegen un poco. Admiten encantamientos de protección y otros especiales para cascos, como Afinidad Acuática, que aumenta la velocidad de minería bajo el agua.

CORAZA

MATERIAL						
DAÑO	3	5	6	5	8	8
DURACIÓN	80	240	240	112	528	592

Las corazas son el objeto que más puntos de armadura da. Se colocan en la casilla del torso y pueden llevar encantamientos de protección, así como espinas, que devuelven parte del daño que recibas de tus enemigos.

PANTALONES

MATERIAL						
DAÑO	2	4	5	3	6	6
DURACIÓN	75	225	225	105	495	555

En la casilla de la parte inferior del cuerpo, puedes poner pantalones. Solo las corazas dan más protección. No hay encantamientos específicos para pantalones, pero Irrompible aumenta su gran durabilidad.

BOTAS

MATERIAL						
DAÑO	1	1	2	1	3	3
DURACIÓN	65	195	195	91	429	481

Las botas no protegen mucho, pero tienen encantamientos útiles como Agilidad Acuática, que aumenta la velocidad bajo el agua, y Peso Pluma, que reduce el daño por caída.

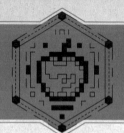

SALUD Y HAMBRE

EFECTOS SOBRE LA SALUD

Cuando aparezcas, tendrás 10 muslos de pollo en tu barra de hambre, equivalentes a 20 puntos de hambre. A medida que hagas cosas (romper bloques, atacar a mobs, correr, saltar, nadar...), la barra irá disminuyendo. El hambre te afectará según su intensidad.

Con un nivel por encima de 18, recuperas puntos de salud.

Si tu hambre está por debajo de 18, no pierdes ni recuperas salud.

Cuando llega a 0, pierdes 1 punto de salud cada pocos segundos.

¡Con hambre por debajo de 6 puntos, no puedes correr!

Por encima de 18 puntos, recuperas 2 puntos de salud cada pocos segundos, pero si te siguen atacando morirás igual.

Ya has visto cómo proteger tu cuerpo con una armadura, pero ¿qué hay de tu barriga? Todo lo que haces afecta a tu hambre, lo cual puede tener consecuencias graves en tu salud y habilidades. Un buen guerrero debe tener siempre la panza llena.

¡A COMER!

La barra de hambre se rellena comiendo. Por suerte, en Minecraft hay comida por todas partes, desde cosechas hasta sopas. He aquí lo que puedes comer para recuperar puntos de hambre.

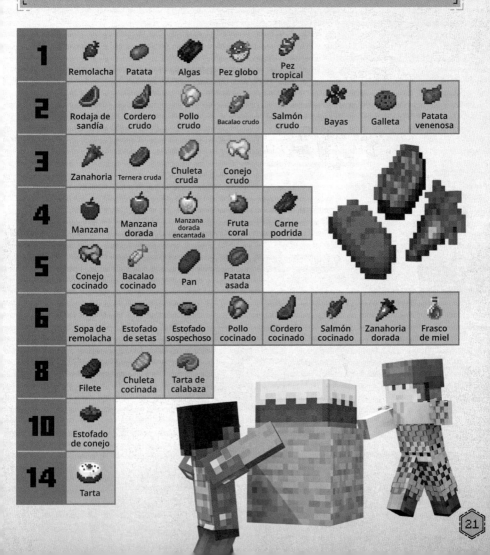

1	Remolacha	Patata	Algas	Pez globo	Pez tropical			
2	Rodaja de sandía	Cordero crudo	Pollo crudo	Bacalao crudo	Salmón crudo	Bayas	Galleta	Patata venenosa
3	Zanahoria	Ternera cruda	Chuleta cruda	Conejo crudo				
4	Manzana	Manzana dorada	Manzana dorada encantada	Fruta coral	Carne podrida			
5	Conejo cocinado	Bacalao cocinado	Pan	Patata asada				
6	Sopa de remolacha	Estofado de setas	Estofado sospechoso	Pollo cocinado	Cordero cocinado	Salmón cocinado	Zanahoria dorada	Frasco de miel
8	Filete	Chuleta cocinada	Tarta de calabaza					
10	Estofado de conejo							
14	Tarta							

21

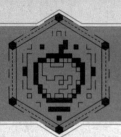

CAMBIO DE DIMENSIÓN

EL INFRAMUNDO

CÓMO LLEGAR

El Inframundo es la dimensión más fácil a la que llegar. Puedes crear un portal con obsidiana en el Mundo Principal, en un marco rectangular de entre 4x5 y 23x23 bloques. Enciende el marco con pedernal y acero y verás aparecer un portal morado.

PAISAJE

El Inframundo tiene distintos biomas, mal iluminados y llenos de cascadas de lava y fuego, que van de bosques alienígenas a eriales inflamables. También encontrarás estructuras en ruinas, como portales y bastiones.

MORADORES

Los mobs que vagan por el Inframundo, como blazes, cubos de magma y ghasts, son hostiles. Algunos tienen ataques de fuego, pero los piglins pueden ser amistosos... si vas vestido de oro. Hay mobs del Mundo Principal, como los endermans y los esqueletos, que también parecen haber llegado accidentalmente por un portal.

EL FIN

CÓMO LLEGAR

Para llegar al Fin hay que encontrar
una fortaleza que contiene un portal
inacabado hecho de bloques del portal
del Fin. Para activarlo, los bloques
necesitan ojos de Ender, que se
fabrican con polvo de blaze y perlas
de enderman.

PAISAJE

Ladrillos de piedra del Fin y de púrpura
motean el cielo oscuro de esta
dimensión. Al entrar en el Fin, un grupo
de islas te conducirá al dragón del Fin.
Una vez lo derrotes, podrás acceder
a la ciudad del Fin, donde hay barcos
flotantes sobre los exóticos árboles
de coral.

MORADORES

El Fin no acoge a muchos mobs, pero los pocos que hay son de armas tomar.
Evidentemente, el dragón del Fin es el que más problemas te dará, pero el efecto
Levitación del shulker es un engorro. Y, por supuesto, aquí también hay endermans.
¿No hay ningún sitio libre de ellos?

PREPÁRATE PARA TU VIAJE

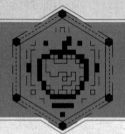

VARA DE BLAZE/ POLVO DE BLAZE

Para hacer pociones, necesitarás al menos una vara de blaze para la receta del soporte para pociones. Encontrarás blazes, que dejan caer varas al ser derrotados, en las fortalezas del Inframundo. Con las varas, puedes hacer polvo de blaze para tus pociones.

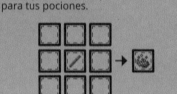

POLVO DE PIEDRA LUMINOSA

La penumbra del Inframundo está iluminada por racimos de piedra luminosa. Si minas estos bloques, recibirás hasta 4 unidades de polvo, que se puede usar para aumentar el efecto de una poción. Y también para fabricar estrellas de fuegos artificiales para la munición explosiva de la ballesta.

VERRUGA DEL INFRAMUNDO

En las ruinas de fortalezas o bastiones de los biomas del Inframundo, puedes encontrar cultivos de verrugas, que puedes cosechar para conseguir hasta 4 verrugas. Son imprescindibles para hacer pociones, pues se usan para crear la Poción Rara, ¡la base de casi todas las pociones!

ALIENTO DE DRAGÓN

Quizá sea el objeto más difícil de obtener, pues tendrás que enfrentarte al dragon del Fin para capturar su ataque de aliento o su bola de fuego en un frasco de cristal, que luego podrás combinar con otras pociones para convertirlas en persistentes.

CREMA DE MAGMA

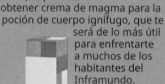

Vencer a un cubo de magma (excepto al más pequeño) te permitirá obtener crema de magma para la poción de cuerpo ignífugo, que te será de lo más útil para enfrentarte a muchos de los habitantes del Inframundo.

Ahora que has llegado a estas extrañas dimensiones y conocido a algunos de sus habitantes, te preguntarás qué hay de interés en ellas. Aquí encontrarás una lista de elementos que sirven para fabricar objetos utilísimos para el combate.

ESCOMBROS ANTIGUOS

Los escombros antiguos, uno de los bloques más raros de Minecraft, se encuentran únicamente en el Inframundo y solo se pueden minar con un pico de diamante o de netherita. Si se funden en un horno, crearán restos de netherita que se pueden mezclar con oro para fabricar lingotes y herramientas y armaduras más fuertes. Los objetos de netherita flotan sobre la lava y reducen el daño por fuego.

ÉLITROS

Cuando derrotes al dragón del Fin, podrás visitar la ciudad del Fin, un bioma del Fin protegido por shulkers. Si llegas a uno de los grandes barcos que surcan el cielo, encontrarás en un cofre unos élitros que te permitirán flotar.

LÁGRIMA DE GHAST

Si logras sobrevivir al aluvión de bolas de fuego de un ghast y derrotarlo, tal vez consigas una de sus lágrimas. Encontrarás ghasts en el delta de basalto, en el valle de arena de almas de los eriales del Inframundo. Con las lágrimas de ghast pueden hacerse pociones de regeneración, que te devuelven puntos de salud cada pocos segundos.

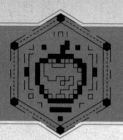
¿QUÉ SE PUEDE ENCANTAR?

Para empezar, necesitarás una mesa de encantamientos, que se hace con un libro, diamantes y bloques de obsidiana. La mesa te permitirá incorporar magia poderosa en armaduras, armas y otros objetos, como picos, tijeras y cañas de pescar.

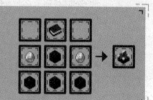

USAR LA MESA DE ENCANTAMIENTOS

Al interactuar con la mesa verás aparecer esta ventana, la interfaz de encantamientos.

Pon aquí el objeto que quieras encantar.

En este recuadro, aparecerán hasta 3 encantamientos al azar que puedes aplicar al objeto.

Aquí se pone el lapislázuli necesario (de 1 a 3 trozos).

El número de la izquierda indica cuántos niveles de experiencia gastarás para encantar el objeto.

Este es el nivel de encantamiento, que indica lo poderoso que será.

Verás encantamientos al azar relacionados con el objeto que quieras encantar, la cantidad de lapislázuli empleada y el número de librerías. Los encantamientos están escritos en alfabeto galáctico, pero si pasas el ratón por encima, tendrás alguna pista sobre el encantamiento seleccionado.

Uses las armas que uses, una mesa de encantamientos las hará más poderosas. Encantar es el proceso de intercambiar puntos de experiencia y lapislázuli a cambio de habilidades adicionales o mejoras en las características de los objetos.

DESBLOQUEAR ENCANTAMIENTOS PODEROSOS

Para acceder a los niveles de encantamiento más poderosos, necesitarás muchísimos conocimientos... o libros que los contengan. Una mesa de encantamientos obtiene su poder de las librerías a su alrededor para desarrollar su potencial máximo. Verás cómo glifos alienígenas flotan hasta la mesa desde una distancia de 1 bloque.

El número óptimo de librerías para desbloquear los encantamientos más potentes es 15. Las librerías deberían estar a un bloque de distancia de la mesa, pero pueden estar apiladas. Aquí tienes un ejemplo de biblioteca que puedes copiar.

MALDICIONES

A lo largo de tu aventura, tal vez encuentres objetos con maldiciones asociadas. La maldición de amarre impide quitarse una armadura, y la maldición de desaparición hará desvanecer un objeto si mueres.

CONSEJO

Pasa a la página siguiente para descubrir los encantamientos para cada objeto.

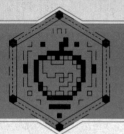

ENCANTAMIENTOS EMOCIONANTES

CUERPO A CUERPO

MALDICIÓN DE LOS ARTRÓPODOS

Aumenta el daño a mobs insectoides.

ASPECTO ÍGNEO

Prende fuego al objetivo al asestar un golpe.

BOTÍN

Aumenta las posibilidades de que los mobs dejen caer recompensas.

EMPUJE

Aumenta el empuje en ataques normales.

ARMADURA

CAÍDA DE PLUMA

Disminuye el daño por caídas.

DEFLAGRACIÓN

Defensa adicional de explosiones.

PROTECCIÓN ÍGNEA

Reduce daño por fuego, disminuye el tiempo de arder.

PROTECCIÓN CONTRA PROYECTIL

Defensa adicional contra proyectiles como flechas.

PROTECCIÓN

Disminuye ligeramente todo tipo de daño.

Ahora que ya sabes cómo encantar, solo hay una pregunta posible: ¿qué se puede encantar? Aquí descubrirás los encantamientos más útiles para tu equipo con los que ayudarte en tus combates. ¡Elige tus favoritos y manos a la obra!

A DISTANCIA

INFINIDAD

Evita gastar flechas normales.

LLAMA

Prende fuego a un objetivo con una flecha.

PODER

Cada flecha causa mucho más daño.

MULTIDISPARO

Dispara 3 flechas, pero gasta solo 1.

TRIDENTE

LEALTAD

Te devuelve el tridente cuando se detiene.

CANALIZAR

Atrae relámpagos que alcanzan a mobs cuando los golpeas con el tridente.

PROPULSIÓN ACUÁTICA

El jugador viaja con el tridente que arroja en el agua o bajo la lluvia.

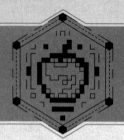

POCIONES ENCANTADORAS

¿QUÉ NECESITO?

Lo primero es un soporte para pociones. Lo encontrarás en iglesias de pueblos, iglús y barcos del Fin, o puedes fabricar uno con una vara de blaze y 3 bloques de adoquín o blackstone. También necesitarás:

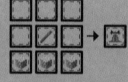

Botella de cristal, la base de las pociones.

El polvo de blaze alimenta las pociones y cada uno puede crear 20 pociones.

Los calderos sirven para llenar los frascos de agua, igual que cualquier fuente.

Otros objetos darán a cada poción su efecto correspondiente.

GUÍA DEL SOPORTE DE POCIONES

Al interactuar con un soporte, aparecerá la interfaz de pociones.

Este recuadro es para el polvo de blaze, que se iluminará y rellenará las burbujas al crear una poción.

Aquí va el ingrediente que quieras añadir, que alimentará los 3 frascos y cambiará el agua o poción de cada frasco.

Aquí puedes poner hasta 3 frascos de agua o de pociones.

Los encantamientos pueden protegerte y aumentar tus habilidades, pero no son la única forma de conseguirlo. Hacer pociones te permitirá obtener una variedad de sustancias que te ayudarán en combate o que pueden fastidiar a tus pobres rivales.

BÁSICOS 101

1 Primero, llena los frascos con agua de un caldero o una fuente natural.

2 Coloca los frascos en los 3 recuadros y carga polvo de blaze como combustible.

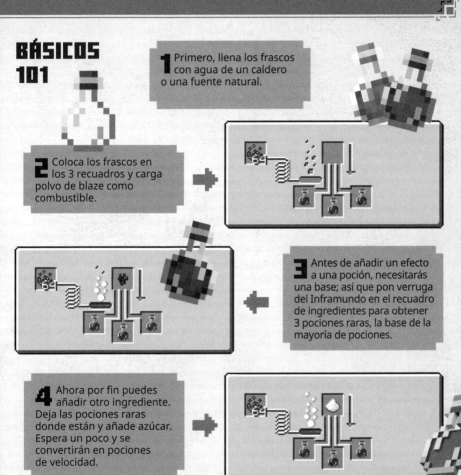

3 Antes de añadir un efecto a una poción, necesitarás una base; así que pon verruga del Inframundo en el recuadro de ingredientes para obtener 3 pociones raras, la base de la mayoría de pociones.

4 Ahora por fin puedes añadir otro ingrediente. Deja las pociones raras donde están y añade azúcar. Espera un poco y se convertirán en pociones de velocidad.

5 Finalmente, saca las pociones de los recuadros y guárdalas en tu inventario para cuando las necesites.

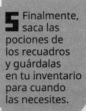

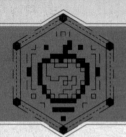

POCIONES POTENTES

POCIÓN DE RESISTENCIA ÍGNEA

Hace inmune al fuego, la lava, el magma y algunas bolas de fuego.

POCIÓN DE FUERZA

Aumenta el poder de ataques cuerpo a cuerpo, con y sin armas.

POCIÓN DEBILITADORA

Reduce el poder de ataque cuerpo a cuerpo. Gasta un frasco de agua en lugar de una poción rara.

POCIÓN DE VISIÓN NOCTURNA

Permite ver en la oscuridad casi como si fuera de día.

POCIÓN DE CAÍDA LENTA

Hace caer despacio a los jugadores, evita daño por caída.

POCIÓN DEL MAESTRO TORTUGA

Ralentiza el movimiento, pero aumenta la resistencia al daño.

POCIÓN DE ALIENTO ACUÁTICO

Permite permanecer bajo el agua mientras dure.

POCIÓN REGENERATIVA

Recupera gradualmente la salud durante un periodo breve.

¿Qué sustancias peligrosas vas a cocinar? ¿Serán sanadoras o dañinas, te harán flotar o caer? Echa un vistazo a esta lista de pociones útiles a ver cuál te gusta más. Todas tienen una poción rara como base, a menos que se especifique lo contrario. Vuelve a la leyenda de objetos en la pág. 7 si te lías.

POCIÓN DE SALTO

Permite saltar a más altura durante un breve periodo.

POCIÓN DE VELOCIDAD

Permite moverse mucho más rápido y explorar a más distancia.

POCIÓN DE LENTITUD

Reduce la velocidad de un enemigo.

POCIÓN SANADORA

Recupera una cantidad reducida de salud al instante.

POCIÓN DE VENENO

Causa una pérdida gradual de salud durante un breve periodo.

POCIÓN DE DAÑO

Causa daño instantáneo a tus enemigos.

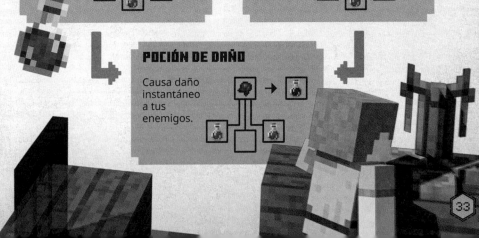

CONOCE A TU ENEMIGO

Solo un insensato con una armadura de cuero rota se lanzaría directo a la batalla. El guerrero inteligente se toma su tiempo para descubrir los puntos fuertes y débiles de sus enemigos para vencerlos en combate. En estas páginas descubrirás a todos los mobs que te esperan en Minecraft: desde los escurridizos lepismas hasta el épico dragón del Fin. Sin embargo, no todos son malos, ¡algunos incluso pueden ayudarte!

BLAZE

Mob volador con la furia por gasolina

 20

 6

 5

Drops

10 XP

Se encuentra en las fortalezas del Inframundo y persigue a cualquier jugador en un radio de 48 bloques. También puede aliarse con otros para preparar emboscadas. Vuela y suele moverse en enjambre para atacar desde arriba.

Cuando un blaze fija un objetivo, lanzará hasta 3 bolas de fuego, que causan hasta 5 puntos de daño cada una. Si fallan, prenderán fuego a lo que toquen. ¡El blaze también hace daño al tocarlo! Le dañan elementos como el agua y la nieve, aunque también puedes vencerlo con métodos convencionales.

CÓMO DERROTARLO

Por curioso que parezca, el fuego se combate con... ¿nieve? La única defensa contra las bolas de fuego es un escudo, así que asegúrate de tener uno equipado para bloquear sus ataques. Después, acribíllalo con bolas de nieve, que le causarán 3 puntos de daño cada una mientras apagan su fuego.

JINETE AVÍCOLA

Medio gallinácea, medio bebé comecerebros

 20/4   3   N/A

Drops

22-25 XP

Cuando las variantes bebé de zombis, aldeanos zombis, husks y piglins zombificados aparecen, hay un 5 % de posibilidades de que lo hagan como jinete avícola si hay un pollo en las inmediaciones.

El bebé zombi (y sus variantes) es igual que los adultos y suele aparecer equipado, con lo que es más peligroso. ¡Los bebés piglin zombificados montados en un pollo pueden ser tres veces más fuertes que los bebés zombi normales!

CÓMO DERROTARLO

Para salvar al pollo, arroja un cubo de agua al jinete para separarlos. Así el pollo podrá escapar, y tú deberás atacar velozmente con la espada al bebé zombi. ¡Los ataques a distancia son más difíciles porque se mueve muy rápido!

CREEPER

Mob siseante de personalidad explosiva			
	20	0	43

Drops

    5 XP

Se mueve en silencio por el Mundo Principal. Lo oirás sisear cuando se prepara para explotar. Su deflagración tiene un radio de 7 bloques, pero puedes echar a correr al oír el siseo o bloquear la explosión con un escudo.

Muy raras veces verás un creeper que ha sido alcanzado por un rayo, llamado creeper cargado. Es de color azul eléctrico y su poder explosivo se ve aumentado. ¡Al explotar, es más potente que la dinamita!

CÓMO DERROTARLO

¡No te acerques! El creeper no te explotará en las narices si no te metes en sus asuntos. Utiliza una ballesta para conseguir un ataque a distancia más preciso. Muévete entre disparo y disparo para guardar la distancia.

AHOGADO

Habitante chorreante y no muerto de los mares			
	20	11	9

Drops

 5-12 XP

O bien aparece bajo el agua, o es el resultado de un zombi que se ahoga (de ahí su nombre). Es agresivo con jugadores, tortugas bebé, aldeanos y mercaderes, y saldrá del agua para perseguir a su presa.

De día se queda en el fondo del agua persiguiendo a las criaturas que bucean por allí. Nada a la misma velocidad que un jugador. De noche, sale de caza. El bebé ahogado da más XP.

CÓMO DERROTARLO

Bajo el agua es más difícil de vencer, así que espera a que salga en busca de carne por la noche. Mantente alejado para obligarlo a atacar a distancia. Trata de esquivar los ataques, sobre todo si te lanza un poderoso tridente, y luego acribíllalo con flechas. Si lo vences, ¡podrás llevarte su tridente!

GUARDIÁN ANCIANO

¡Un cíclope acuático que dispara láser!

♥	⚔	🏹
80	2	8

Drops

					10 XP

Cada monumento marino está protegido por 3 guardianes Ancianos, que no vuelven a aparecer una vez derrotados. Son oponentes despiadados con 2 poderosos ataques para controlar a los enemigos. Sus pinchos se extienden y causan daño, pero lo más letal es el láser que lanza de su ojo, que alcanza a jugadores hasta 14 bloques. También lanza Fatiga Minera, que disminuye los ataques y la velocidad de minería.

CÓMO DERROTARLO

El láser es su ataque más letal. Ponte a cubierto si ves que lo está cargando. Este mob es susceptible al Encantamiento Empalador, que aumenta el poder de ataque de tu tridente. Lánzale un tridente encantado al guardián Anciano y ponte a cubierto. Y si el tridente también está encantado con Lealtad, recupéralo y lánzalo de nuevo.

ENDERMITE

Insecto molesto que aparece como por arte de magia

8   2   N/A

Drops

3 XP

Reconocible por sus partículas moradas, es un mob bastante fácil. Tiene un ataque muy débil y poca salud, así que no supone una amenaza.

Aparece cuando se usa una perla de Ender, por eso es poco frecuente y no muy habitual encontrar muchos a la vez. Además, ¡desaparece a los 2 minutos de nacer! Los endermans también se encargan de liquidarlos, así que tal vez no tengas ni que enfrentarte a él.

CÓMO DERROTARLO

No pierdas el tiempo. Su escasa salud significa que puedes acabar con él de un simple golpe con un hacha de piedra. O, si tienes un hacha de madera encantada con Maldición de los Artrópodos (que causa más daño a los mobs insectoides), ¡machacarás a los endermites de un hachazo!

INVOCADOR

Illáger hechicero con muchos ases en la manga	24	N/A	6

Drops

10 XP

Se materializa en mansiones del bosque y asaltos. Lanza hechizos levantando los brazos: hace aparecer partículas moradas y de la tierra surgen colmillos que rechinan. Si las partículas son blancas, invoca ánimas.

CÓMO DERROTARLO

Cada hechizo del invocador requiere de un tiempo de recarga de al menos 5 segundos (más si intenta lanzar el mismo 2 veces seguidas), así que si tienes agilidad suficiente para esquivar los colmillos, acércate a clavarle un par de espadazos antes de alejarte. Repite hasta vencerlo.

ÁNIMA

Incordio volador a las órdenes del invocador	14	9	N/A

Drops

5 XP

Solo el invocador puede hacerlo aparecer y ordenarle atacar con una espada de hierro. Para ser un mob tan pequeño, se las trae: ¡cada golpe suyo causa más daño que los ataques del invocador! También puede atravesar bloques para esconderse. ¡Qué cruz!

CÓMO DERROTARLO

Es ágil y puede esquivarte volando. Enrojece cuando va a atacar, así que aprovecha para arrojar al suelo una poción persistente de Daño antes de que se abalance sobre ti, o pincharla con un tridente. Hay que esperar unos minutos después de que aparezca para dañarla; céntrate primero en el invocador.

GHAST

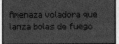

Amenaza voladora que lanza bolas de fuego	10	N/A	12

Drops

 5 XP

Condenado a vagar por el Inframundo para siempre, su rostro atormentado es una cara conocida en la dimensión infernal. Su salud es muy baja, pero, para compensar, su ataque de bolas de fuego es letal.

Disparará una bola de fuego a cualquier jugador hasta a 64 bloques de distancia, y seguirá disparando hasta que lo derrotes o te alejes. Las bolas de fuego son bastante lentas y fáciles de esquivar, aunque se desplazarán en línea recta hasta el infinito. Si tienes la mala suerte de que te alcance una, causará daño explosivo y prenderá fuego a la infiedra.

CÓMO DERROTARLO

Tiene un gran punto débil: sus propias bolas de fuego. Golpéalas con un arma de cuerpo a cuerpo o un proyectil para devolvérsela. Si aciertas, le causarás 1.000 puntos de daño. Con un arco y algo de paciencia también te lo cargarás.

GUARDIÁN

Criatura acuática pequeña pero matona	30	2	6

Drops

    10 XP

El hermano pequeño del guardián Anciano, con quien comparte muchas características. También tiene un ataque de pinchos y un láser que dispara por el ojo y causa daños similares, aunque tiene menos salud que el Anciano.

Sin embargo, lo que le falta en salud lo compensa con ingenio: al contrario de sus hermanos mayores, el guardián se aleja de los jugadores y realiza maniobras de evasión para atacar a distancia con su láser mortal.

CÓMO DERROTARLO

Este guardián también es susceptible a un tridente encantado con Empalar, pero como se le da mejor defenderse, tal vez sea más oportuno optar por un potente cuerpo a cuerpo que por un ataque a distancia con el tridente. Asegúrate de tener algunos bloques donde resguardarte cuando te enfrentes a él.

HOGLIN

Bestia del Inframundo que embiste que no veas			
	40	8	N/A

Drops

3 XP

Quizá te topes con él en los bosques escarlata del Inframundo. Embiste a cualquier jugador cercano y lo lanza por los aires. Odia a algunos bloques, como los de hongos retorcidos y los de portales del Inframundo, que evitará al máximo.

CÓMO DERROTARLO

Usa su miedo en su contra: rodeándote de bloques de hongos retorcidos, querrá atacarte, pero no se atreverá acercarse y podrás lanzarle flechas algo alejado. Asegúrate de que los bloques sean al menos 4x4, de lo contrario, se sobrepondrá a su miedo y te atacará. El bebé hoglin, como es natural, causa menos daño.

ZOGLIN

Un intruso zombificado del Inframundo			
	40	8	N/A

Drops

3 XP

Al cruzar un portal para entrar en el Mundo Principal, el hoglin sufre una transformación horrenda y se convierte en la variante zombi, que ya no teme a determinados bloques, pero conserva su poder de embestida.

CÓMO DERROTARLO

Como otros mobs no muertos, los objetos que dan salud instantánea le hacen daño. Si consigues mantenerte a distancia y acribillarlo con pociones de Salud, acabarás con él pronto. Y si no lo consigues y te embiste, tendrás a mano pociones para recuperarte.

HUSK

Zombis del desierto inmunes al sol			
	20	3	N/A

Drops

 3 XP

Recluido en las arenas de los biomas desérticos, es una variante más resistente del zombi al que la luz del sol no hace daño.

También persigue a los jugadores desde más distancia —hasta 40 bloques— y causa Hambre a cualquier jugador, con lo que su nivel de hambre bajará más rápido. Suele aparecer equipado, pero, por suerte, lo más peligroso que lleva es una espada de hierro.

CÓMO DERROTARLO

No tiene un punto débil que atacar, así que te bastará con una espada y un escudo. Si bloqueas sus ataques con el escudo, el Hambre no te afectará, y una buena espada acabará con él por bien equipado que vaya.

CUBO DE MAGMA

Criatura combustible con tres tamaños			
	1/4/16	3/4/6	N/A

Drops

           1-4 XP

¿No da miedo pensar en un enemigo que, al derrotarlo, se convierte en muchos enemigos más pequeños? Así es el cubo de magma. El grande se divide en 2-4 cubos medianos cuando lo derrotan, que, a su vez, se dividen en 2-4 pequeños.

Solo causa daño al contacto, pero es el doble de rápido que la mayoría de mobs y suele saltar por los aires para intentar aplastarte al caer. Suerte que solo se encuentra en el Inframundo.

CÓMO DERROTARLO

Es resistente al daño por caída y fuego, además de rápido e impredecible. No te dañará si no puede tocarte, así que constrúyete un refugio con un agujero de 1 bloque en cada lado y dispárale cada vez que trate de saltarte encima.

FANTASMA

Azote alado de los insomnes

❤	⚔	🏹
20	6	N/A

Drops

5 XP

Todos los guerreros necesitan dormir para recuperar la salud, tener sueños raros y evitar que el aterrador fantasma vaya a por ti. Sí, ¡solo aparece por la noche cuando llevas 3 días consecutivos sin dormir en el juego!

Aparece en grupos de hasta 4 y vuela en círculos para atacar a intervalos regulares. Tiene la salud de un zombi común, pero su ataque es hasta 3 veces más potente. En bandada, es todo un peligro.

CÓMO DERROTARLO

Puedes hacerle daño igual que a otras criaturas no muertas. Una espada encantada con Aniquilación incrementará el daño, y más te vale atacarlo solo cuando se lanza en picado. La luz del sol también le hace daño, así que, si esperas hasta que se haga de día, desaparecerá. ¡Y no te olvides de dormir!

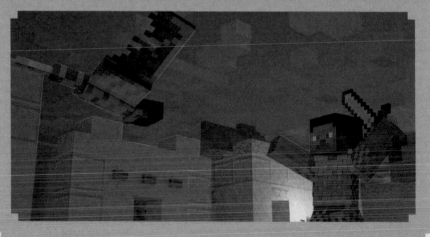

PIGLIN

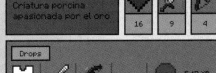

Criatura porcina apasionada por el oro

❤ 16	⚔ 9	🏹 4

Drops 5-17 XP

Hay quien dice que es un mob muy pasivo, pero será porque llevaba una armadura de oro, que les encanta. Sin oro de por medio, el piglin es muy agresivo y puede causar mucho daño cuerpo a cuerpo. No soporta la minería de minerales ni que se abran cofres.

CÓMO DERROTARLO

Le encanta el oro, pero ¿y el hierro? Pon a prueba la hipótesis construyendo un golem de hierro. No lo atacará mientras determina si ese metal también le gusta, pero el golem sí irá a por él. Debes llevar armadura de oro al construir el golem. De lo contrario, el piglin te atacará a ti.

PIGLIN ZOMBIFICADO

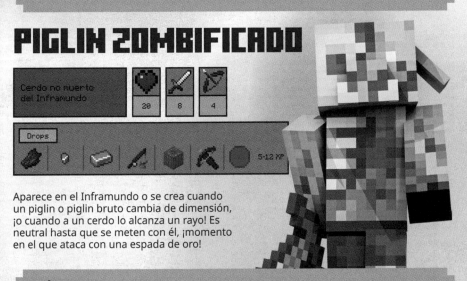

Cerdo no muerto del Inframundo

❤ 20	⚔ 8	🏹 4

Drops 5-12 XP

Aparece en el Inframundo o se crea cuando un piglin o piglin bruto cambia de dimensión, ¡o cuando a un cerdo lo alcanza un rayo! Es neutral hasta que se meten con él, ¡momento en el que ataca con una espada de oro!

CÓMO DERROTARLO

Aniquilar funciona con él igual que con el resto de no muertos, pero ten en cuenta que este mob puede llamar a sus congéneres en un radio inmenso. El mejor ataque es no atacar: carga un dispensador de pociones arrojadizas de Salud y ponle una placa de presión delante para que sea el artífice de su derrota.

PIGLIN BRUTO

La versión más cochina del piglin

♥	⚔	🏹
50	10	N/A

Drops

                                            20 XP

Como si por sí mismos no fueran suficiente, hay piglins que se convierten en brutos de tanto levantar hierros. Por suerte, solo los encontrarás en ruinas de bastiones, aunque a menudo suelen blandir hachas de oro encantadas, cosa que no mola nada.

Su ataque es más poderoso que el del piglin, y hay que hacerle más daño para derrotarlo. Igual que el piglin, atacará a cualquier Wither y esqueleto de Wither que vea, pero el oro no lo fascina tanto.

CÓMO DERROTARLO

Dicen que el enemigo de mi enemigo es mi amigo... Así que hazte amigo de los piglins brutos: invoca un Wither y haz que ambos mobs peleen entre ellos. En el mejor de los casos, bastará con que des el golpe de gracia y en el peor... Bueno... Mejor vete a la pág. 60 si necesitas ayuda.

SAQUEADOR

Aterrador asaltante con ballesta			
	24	3	4

Drops

 5-20 XP

Se encuentra en puestos de saqueadores o pueblos asaltados. Van a por inocentes con su ballesta, ¡pueden perseguirte desde hasta 64 bloques de distancia! Un capitán saqueador también puede echar un Mal Presagio, que provoca un asalto en el pueblo más cercano cuando el jugador afectado entre.

CÓMO DERROTARLO

Tiene buena puntería con la ballesta, pero tú más. Carga tu ballesta con cohetes de fuegos artificiales para responder con contundencia a sus ataques. Cada estrella de fuegos artificiales que uses para el cohete incrementa un poco su potencia: puedes llegar a causar 18 puntos de daño con un solo cohete.

DEVASTADOR

Colosal corcel de guerra			
	100	12	6

Drops

  20 XP

Suele aparecer cabalgado por un illager y es un mob muy peligroso. Solo aparece durante asaltos y se dedica a embestir a jugadores, aldeanos y demás gente de bien mientras pisotea todo lo que encuentra a su paso. Su salud es inmensa.

CÓMO DERROTARLO

Aunque parezca imposible, con un escudo puedes bloquear su embestida con nulo daño y reducir el knockback. Puede que incluso lo aturdas, o sea, que tendrás tiempo de atacarlo antes de que se recupere. Cuando vuelva en sí, soltará un rugido dañino: más te vale salir por piernas.

SHULKER

Criatura acorazada del Fin			
	30	N/A	4

Drops				
				5 XP

Este tímido mob se encuentra en ciudades del Fin, donde se camufla entre los bloques de púrpur hasta que tiene un jugador a tiro, momento en el que abrirá su cascarón y disparará lentos proyectiles que seguirán a su objetivo. Estos proyectiles causan poco daño ¡y te harán levitar!

Puedes devolverle los proyectiles con un arma o bloquearlos con un escudo, pero su caparazón es una armadura muy eficaz. Si lo hieres, quizá trate de teletransportarse a un lugar seguro.

CÓMO DERROTARLO

Enfrentarse a él en las estrechas torres del Fin en las que suele encontrarse puede ser difícil, sobre todo si te hace levitar. Sabotea su hábitat; tapona puertas y orificios con bloques e inúndalo con un cubo de lava. Eso hará que se teletransporte a un espacio cercano por los aires, y, si no encuentra ninguno, se ahogará. Si consigue teletransportarse, esquiva sus proyectiles mientras preparas un buen disparo de ballesta.

ESQUELETO

Huesudo enemigo armado con un arco	♥ 20	⚔ 2.5	🏹 4

Drops

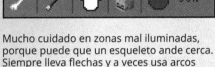 5-8 XP

Mucho cuidado en zonas mal iluminadas, porque puede que un esqueleto ande cerca. Siempre lleva flechas y a veces usa arcos encantados. Puede que incluso lleve algo de armadura. Rodea a sus presas para evitarse golpes, pero no esquiva ataques.

CÓMO DERROTARLO

Estar hecho de huesos tiene sus pros y sus contras: no puede ahogarse, pero es irresistible para los lobos. Si sueltas a lobos domesticados, atacarán al esqueleto, que tratará de huir. Síguelo para salvar a tus lobos: el esqueleto contraatacará en cuanto reciba daño.

CABALLO ESQUELETO

Corcel esquelético que corre como el viento	♥ 15	⚔ N/A	🏹 N/A

Drops

 8-11 XP

Existe una pequeña posibilidad de que un relámpago haga aparecer un caballo esqueleto y su jinete. ¡Ahora el humilde esqueleto tiene un corcel y un arco encantado! El caballo es mucho más rápido que su jinete, así que es más difícil de atacar, aunque también es algo más débil.

CÓMO DERROTARLO

La forma más fácil de derrotar a un jinete esqueleto es deshacerse de su caballo con el arco o la ballesta para derribar al esqueleto y liquidarlo. Así no tendrás que preocuparte de la velocidad o las tácticas defensivas del no muerto equino.

LEPISMA

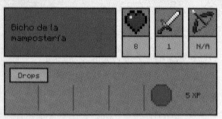

Bicho de la mampostería	♥ 8	⚔ 1	🏹 N/A

Drops					5 XP

Mucho ojo al minar bloques que parezcan de piedra: a veces, pueden salir lepismas de su interior. Igual que el endermite, es una molestia más que nada: su ataque es débil y tiene poca salud, aunque puede pedir ayuda a sus congéneres.

CÓMO DERROTARLO

Es importante acabar con él de un golpe, porque, una vez herido, llamará a sus amigos y tendrás que enfrentarte a un enjambre. El encantamiento Maldición de los Artrópodos te servirá como con cualquier mob insectoide, pero con un hacha del Inframundo, una espada o un tridente siempre acabarás con un lepisma de un solo golpe.

SLIME

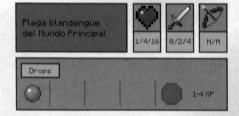

Plaga blandengue del Mundo Principal	♥ 1/4/16	⚔ 0/2/4	🏹 N/A

Drops				1-4 XP

He aquí otro mob que se divide en versiones más pequeñas de sí mismo y ataca el doble de rápido que otros mobs. Esta criatura gelatinosa rebota feliz por el Mundo Principal hasta que ve un jugador, al que intentará aplastar saltándole encima, como los bloques de magma.

CÓMO DERROTARLO

Puede abrumarte en cuanto se divide y te veas superado. La mejor forma de enfrentarte a la horda es con ataques de radio amplio. Lanza pociones arrojadizas o persistentes de daño para perjudicarlos a todos y verás qué rápido te los cargas.

ARAÑA

Ataca desde el suelo y el techo	16	2	N/A

Drops			
			5 XP

Vagan libremente por el Mundo Principal. A la luz del día, se muestra pasiva si no la atacan, pero cuando se pone el sol se vuelve hostil. ¡Hasta trepará por las paredes para atacar!

CÓMO DERROTARLO

Es rápida y ágil, las telarañas no la vuelven más lenta. El encantamiento de la Maldición de los Artrópodos tiene un poderoso efecto ralentizador en ella, además de causarle más daño con cada ataque. Una buena hacha encantada con Maldición de los Artrópodos la machacará en un par de golpes.

ARAÑA DE CUEVA

Habitante de ocho patas del Inframundo	12	2	N/A

Drops			
			5 XP

¡Otra araña no! El tono azulado de este arácnido, que solo aparece en minas, la distingue de su prima. También es pasiva bajo la luz solar, pero agresiva en otras circunstancias. Con su veneno reduce la salud de quien lo recibe por un tiempo.

CÓMO DERROTARLO

Evita su picadura venenosa. Aunque Maldición de los Artrópodos te ayudará, el cuerpo a cuerpo no es buena idea. Mantente alejado y ataca con una ballesta. Tiene menos salud que una araña normal, unos pocos disparos bastarán para acabar con ella.

JINETE ARÁCNIDO

Mezcla horripilante de dos mobs atroces	♥ 32/36	⚔ 2	🏹 4

Drops

A veces los esqueletos montan a arañas, normales o de cueva, aunque cada una tiene su propia salud y ataques. Si aparece en un bioma nevado, el jinete puede ser un esqueleto glacial; si lo hace en el Inframundo, ¡un esqueleto de wither!

CÓMO DERROTARLO

¡Divide y vencerás! La araña es la más débil, trata de liquidarla primero. No te acerques o serás un blanco fácil para el jinete. Prepara la ballesta, encantada con Multidisparo o Perforación.

ESQUELETO GLACIAL

Enemigo helado que puede ralentizarte	♥ 20	⚔ 2	🏹 5

Drops

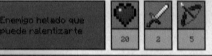

5 XP

Como si en los biomas fríos no bastara con el duro clima, ¡puedes encontrarte con un esqueleto helado! Es tan peligroso como un esqueleto normal con su arco, pero, además, causa Lentitud, que reduce tu velocidad de movimiento para dificultarte la huida.

CÓMO DERROTARLO

Si te ha arrojado Lentitud, te verás en apuros para conseguir atraparlo. Un tridente puede ser tu mejor amigo. Encantado con Aguas Revueltas, te empujará hacia delante al arrojarlo —aunque solo sobre mojado—. Mejor aún, encántalo con Lealtad para que vuelva a ti después de lanzarlo.

VINDICATOR

Protege a hachazos las mansiones del bosque

♥ 24	⚔ 13	🏹 N/A

Drops

   5-8 XP

El más agresivo de los illagers, el vindicator se lanza a la batalla blandiendo su hacha. Sin embargo, hasta que entra en combate se mantiene de brazos cruzados, como los aldeanos a quienes tanto le gusta atacar. Se lo encuentra en las mansiones del bosque y como parte de una patrulla o asalto de illagers.

Sus hachazos son poderosos, ¡más todavía si ha aparecido con un hacha encantada! Mucho ojo con los vindicators llamados Johnny, famosos por su hostilidad hacia cualquiera que no sea illager, mob o ghast.

CÓMO DERROTARLO

Su poderoso ataque con hacha y su tendencia a cabalgar destructores hace que el ataque a distancia sea la mejor estrategia. Encanta un arco con una mezcla de Puñetazo, Llama e Infinidad y obtendrás flechas infinitas que le prenderán fuego y lo mantendrán a una distancia prudencial, a la que no podrá hacerte daño.

BRUJA

De aspecto horripilante y pociones abundantes

❤️	⚔️	🏹
26	N/A	6

Drops

5 XP

Si te acercas a una ciénaga, te espera una sorpresa: ¡una bruja lanzapociones! Esta traviesa hechicera prepara pociones arrojadizas que lanza a quienes se aventuren en su territorio. Suele vérsela merodeando por las ciénagas, esparciendo miseria por dondequiera que vaya.

Derrotada, es una fuente muy valiosa de ingredientes para pociones, pero antes de eso puede atacarte con Veneno, Lentitud, Debilidad y Daño.

CÓMO DERROTARLA

También lleva pociones de Salud encima, así que te interesa una victoria rápida. Si te acercas, recurrirá a pociones arrojadizas de Debilidad o Daño, pero si vas con una buena espada o hacha encantada con Filo, deberías poder derrotarla antes de que te lance la segunda poción.

ESQUELETO DE WITHER

Residente huesudo
y chamuscado del
Inframundo

| 20 | 8 | N/A |

Drops

5-17 XP

A primera vista parece un primo oscuro y taciturno de su equivalente en el Mundo Principal, con salud similar y equipado con una espada básica.

Sin embargo, ¡su ataque cuerpo a cuerpo es el doble de potente! Además, puede lanzarte el mal de Wither, que reduce la salud gradualmente. Por suerte, solo aparece en fortalezas del Inframundo, así que no te lo encontrarás si te mantienes alejado de esos lugares.

CÓMO DERROTARLO

La inmunidad le sale por los agujeros donde antes tenía las orejas, así que ni Fuego, Veneno o Fulminar tienen ningún efecto, como tampoco la luz del sol, ahogarse o la lava. Pero ¿un espadazo? ¡Mano de santo! Encanta tu espada con Aniquilación para causarle daño adicional y bloquea sus golpes con un escudo.

ZOMBI

Cazador de carne común	20	3	N/A

Drops

      5-8 XP

Si oyes un murmullo fuera de tu base por la noche, puede que se trate de un zombi. Los que son un poco listos son capaces de echar abajo puertas de madera para entrar en tu base. Este mob no muerto aparece cuando se pone el sol y debe guarecerse antes de que amanezca si no quiere arder.

Puede llamar a refuerzos en un radio muy amplio cuando se los ataca, convirtiéndose rápidamente en una horda difícil de derrotar. Uno a uno, no dan mucho miedo. Su salud es media y suelen atacar sin armas, ¡aunque pueden equiparse con armas y armaduras que encuentren!

CÓMO DERROTARLO

Los zombis no suelen dar problemas. Puedes quedarte durmiendo a pierna suelta —si no andan muy cerca— y despertar como una rosa mientras el sol se encarga de ellos. Si no te dejan dormir o se esconden en la sombra, lánzales pociones de Salud para ahuyentarlos y evitar que vengan otros.

ZOMBI BEBÉ

No muertos tan
adorables como
feroces

| 20 | 3 | N/A |

Drops

12 XP

El perfume se vende en frasco pequeño... Y lo apestoso también. El zombi bebé es igual en salud y ataque al adulto, pero es mucho más rápido. Por suerte, también es sensible a la Salud y a la luz del sol.

CÓMO DERROTARLO

Es un objetivo más pequeño y, si le añadimos la velocidad, puede ponértelo difícil. Un buen arquero puede liquidarlo con su ballesta, pero es más fácil ir a por él con la espada. Las pociones arrojadizas de Salud pueden causarle daño sin excesiva puntería, y una poción de Velocidad te ayudará a seguirle el ritmo.

ALDEANO ZOMBI

Víctima inocente de
los no muertos

| 20 | 3 | N/A |

Drops

5-8 XP

Cuando los zombis atacan un pueblo, los aldeanos pueden pasar a formar parte del ejército de los no muertos. Los aldeanos zombis parecen aldeanos normales, incluso conservan su ropa de antes, pero tienen la piel verde de los zombis.

CÓMO DERROTARLO

Las tácticas normales contra los no muertos funcionarán igual de bien con los aldeanos zombis, pero también hay una vía pacífica: ¡curarlos! Primero, tienes que aplicarles Debilidad con una poción arrojadiza o una flecha con punta. Luego, dales una manzana dorada y pronto verás la transformación. ¡La paz es el camino!

WITHER

Monstruo tricéfalo,
solo para insensatos
o valientes

♥	⚔	🏹
600	15	8

Drops

50 XP

Después de afilar la espada con esqueletos, creepers y zombis, ha llegado el momento de tu primer mob jefe: ¡el horrendo Wither! Esta bestia gigante no aparece de forma natural, así que deberás invocarla solo cuando estés preparado para un reto épico o quieras hacerte con una estrella del Inframundo. ¡Prepara bien las armas!

INVOCACIÓN

Construye una T —como la que se usa para invocar a un golem de hierro— con arena o tierra de almas y coloca 3 calaveras de esqueleto de Wither sobre los bloques superiores.

En cuanto coloques la tercera cabeza, la construcción se iluminará, se pondrá azul y se volverá invulnerable. Entonces, habrá una explosión inmensa y empezará a atacar.

ATAQUES

El principal ataque del Wither consiste en lanzar calaveras explosivas. Las azules son más lentas que las negras, pero causan más destrucción, y ambas hacen el mismo daño. Si te alcanza una, recibirás el efecto de Wither II, que te roba salud gradualmente.

Cuando la salud del Wither llegue a la mitad, habrá otra gran explosión y obtendrá una armadura. También invocará los esqueletos de Wither y pasará a un ataque rápido que consiste en embestir y lanzar calaveras. La embestida es peligrosa, ¡no dejes que se te acerque!

CÓMO DERROTARLO

El Wither tiene una salud de roble y es inmune al fuego, la lava y el ahogamiento. Sin embargo, su condición de no muerto le da muchos puntos débiles y, además, atacará a muchos otros mobs, no solo al que lo invocó.

Construye golems de hierro en diversos puntos para distraer al Wither y atácalo cuando se acerque. Mientras vuela, lo mejor es atacar a distancia. Una ballesta encantada con Carga Rápida y Multidisparo te será muy útil. Cárgala con flechas con punta de Salud y verás cómo decae su barra de salud.

Cuando empiece a embestir, ten preparada una espada encantada con Aniquilación para atacar mientras lo esquivas. Si te alcanza, usa un cubo de leche para librarte del efecto del Wither antes de que te lleve por delante. Ten paciencia, sigue estos pasos y pronto librarás al mundo del Wither con una victoria honrosa.

DRAGÓN DEL FIN

Monstruo volador del fin	❤️	🗡️	🏹
	200	10	6

Drops

⬤ ⬤ 12.000 XP

El reto final, la culminación de tu camino: ¡el dragón del Fin! Esta pesadilla negra como la pez te espera al otro lado de un portal del Fin, y supone el reto más inmenso y desconcertante de las tres dimensiones. No tiene tanta salud como el Wither, pero ¡enfrentarse al dragón del Fin es mucho más frustrante!

CAZADRAGONES

Al cruzar el portal del Fin, aparecerás en las inmediaciones de una plataforma de obsidiana cerca de la isla central del Fin, donde esta inmensa bestia alada aguarda a su próximo contrincante. Verás un puñado de pilares de obsidiana que sostienen cristales del Fin, que el dragón usa para sanarse cuando resulta herido en el combate.

EQUIPAMIENTO IDEAL

Antes de hablar de tácticas para vencer al dragón del Fin, este es el equipamiento recomendado para minimizar sus ataques y maximizar tu potencial de daño.

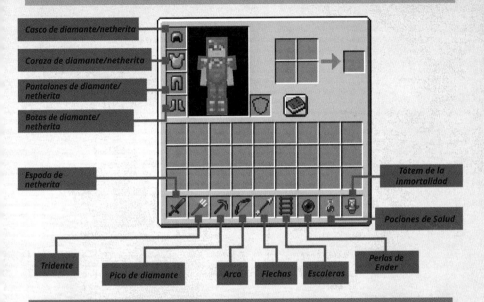

Casco de diamante/netherita

Coraza de diamante/netherita

Pantalones de diamante/netherita

Botas de diamante/netherita

Espada de netherita

Tótem de la inmortalidad

Pociones de Salud

Tridente

Pico de diamante

Arco

Flechas

Escaleras

Perlas de Ender

ATAQUES

El dragón del Fin tiene 3 ataques:
Si destruyes un cristal del Fin, dejará de dar vueltas y se lanzará en picado para arrojarte una bola de fuego que no podrás devolverle y que causará una nube persistente de daño alrededor de la zona de impacto.

A veces, el dragón se parará a descansar en uno de los portales de salida que rodean la isla, desde donde te lanzará su ataque de Aliento de Dragón, una densa nube de humo morado que dañará a cualquier mob que alcance.

Por último, el más peligroso: se abalanza sobre ti en un potente ataque cuerpo a cuerpo que te lanzará por los aires hasta una altura letal. El ataque causa el doble de daño si el dragón te golpea con la cabeza que si lo hace con el resto del cuerpo.

EVITA LA SALUD

El dragón del Fin no es solo un enemigo poderoso, también es muy listo. Los cristales del Fin de los pilares de obsidiana lo curarán automáticamente si se les acerca. Destruye todos los que puedas antes de atacar al dragón, o tus ataques no servirán de nada.

Al destruir un cristal, se produce una explosión —que también dañará al dragón si se está sanando— así que mejor atacarlos a distancia. Tal vez no siempre te sea posible de entrada, ya que algunos están protegidos por jaulas que tendrás que desarmar. Usa las escaleras o perlas de Ender para llegar hasta las barras de hierro, destrúyelas con el pico y regresa a suelo firme para atacar al cristal.

CÓMO DERROTARLO

Es inmune a todos los efectos de estatus y sobrevuela la isla a gran velocidad, cosa que dificulta atacarlo con un arco, aunque no es imposible. Los golpes en la cabeza le causan cuatro veces más daño que en el resto del cuerpo, así que adelántate un poco a su trayectoria al apuntar para maximizar el daño.

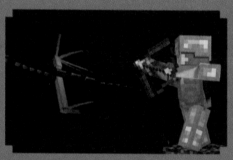

Cuando se posa, las flechas no le hacen daño, así que pasa a usar un tridente encantado con Lealtad y lánzaselo sin parar hasta que vuelva a echar a volar. Si se lanza a por ti, atízale con una espada de netherita. Es probable que tú también recibas daño y que salgas volando. Arroja perlas de Ender al suelo para aterrizar sano y salvo, y recupera la salud perdida antes de que vuelva a atacar.

RECOMPENSAS

Si es la primera vez que derrotas al dragón del Fin, ¡recibirás una recompensa de 12.000 XP! ¡Mira cuántas esferas! También se abrirán 2 portales distintos: uno te devolverá al Mundo Principal, mientras que la puerta del Fin te llevará a las tenebrosas islas exteriores del Fin.

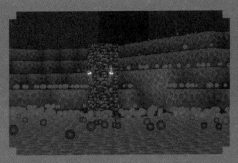

Sobre el portal de salida encontrarás el verdadero premio: un huevo de dragón, el trofeo que demuestra que has vencido al mayor mob de Minecraft. Claro que no será nada fácil hacerte con él, ya que se teletransporta cada vez que intentes minarlo. Tendrás que usar un pistón para empujarlo. Entonces, caerá y podrás recogerlo para exhibirlo orgulloso en tu vitrina de trofeos.

¿OTRA RONDA?

¿No has tenido bastante? Algunos jugadores quieren poner a prueba sus habilidades desafiando al dragón una y otra vez. Es también el único modo de conseguir aliento de dragón, que se usa para preparar pociones persistentes.

Para volver a invocar al dragón del Fin, tienes que colocar 4 cristales del Fin alrededor del portal de salida para desactivarlo y resetear el campo de batalla para la revancha. Después de la batalla inicial, solo recibirás 500 XP cada vez que derrotes al dragón.

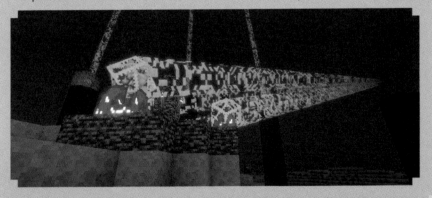

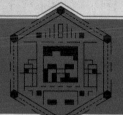

MOBS ALIADOS

ZORRO

20   2

Gánate la confianza de uno con bayas y ganarás un aliado monísimo. Un zorro leal te seguirá y podrás llevarlo de una correa. Se arrojará sobre la mayoría de mobs hostiles para atacarlos.

CABALLO

15-30   0

Animal de carga que puedes cabalgar para la batalla o para viajar más rápido. Para domarlo, debes montarlo sin que te derribe. Una vez dócil, puedes equiparlo con una silla y armadura ecuestre para luchar.

GOLEM DE HIERRO

100   21,5

Tal vez sea exagerado llamarlo aliado... Es más bien un héroe antimobs al que puedes invocar. Se hace con 4 bloques de hierro y una calabaza con cara. Atacan a la mayoría de mobs hostiles y neutrales, excepto creepers y lobos.

LLAMA

15-30   1

Es un almacén andante (y que escupe). Si la domas, podrás equiparla con un cofre y llevaría de una correa para tener tus recursos siempre a mano. A veces, otras llamas se ponen a seguir a una llama domesticada formando una caravana.

No todos los mobs que encuentres van a ir a por ti. Hay algunos que pueden ayudarte, sea llevándote a la batalla sobre su lomo, transportando tu inventario o echándote una mano en combate. Te presentamos a algunos de los mobs que pueden serte útiles.

GATO

10 | 3

No suelen querer a los humanos tanto como estos a ellos, pero si tienes uno rondándote, mantendrá a raya a creepers y fantasmas. ¡Pero que no se acerque a pollos ni conejos!

GOLEM DE NIEVE

4 | 0

Puedes crear uno apilando dos bloques de nieve y una calabaza con cara. Arrojará bolas de nieve a mobs cercanos, aunque no sean hostiles. Sus bolas solo causan empuje, aunque al blaze sí le harán daño.

LAVAGANTE

20 | 0

En el Inframundo, toda cara amistosa —por tristona que sea— es bienvenida. Los lavagantes no se pueden domar, pero pueden llevarte a cuestas, incluso para cruzar lagos de lava. Necesitarás una caña con hongos retorcidos para controlar sus movimientos.

LOBO

20 | 4

Se encuentra en la taiga salvaje de los biomas boscosos, y puede ser hostil si lo atacan. Pero puedes domarlo dándole huesos, y ponerle un bonito collar rojo. Una vez dócil, obedecerá órdenes ¡y atacará a mobs por ti!

MODO VERSUS

Ya has afilado la espada con los mobs del Mundo Principal,
el Fin y el Inframundo, pero aún te espera un reto mayor...,
derrotar a otros jugadores. Sigue leyendo para descubrir
tácticas para las batallas PvP, en castellano,
«jugador vs. jugador», diferentes estilos de juego
para igualar la dificultad, ¡y cómo construir una Arena
en la que demostrar que eres el campeón!

EL RETO
MÁS GRANDE

¿TENGO QUE LUCHAR CONTRA MIS AMIGOS?

Solo si quieres. También puedes crear modos multijugador que no se basen en el combate. Algunos son carreras de obstáculos o de élitro, mientras que otros son pruebas de tiro que probarán tu puntería. Hay docenas de modos distintos, examina algunos para ver cuáles te gustan.

¿YO CONTRA EL MUNDO?

¡No tiene por qué! Depende del modo que elijas. La mayoría pueden adaptarse para jugar en equipo. En lugar de hacer batallas de 1v1, pueden ser de equipos de 3. O tal vez tu carrera de obstáculos sea de relevos, y se sume el tiempo total de un equipo para ver cuál es el más rápido.

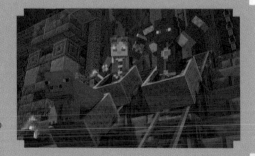

Ni siquiera el mejor programador del mundo podría (aún) dar una IA de nivel humano a los mobs, y por eso muchos recurren al PvP en busca de mayores retos. Si estás preparado para cambiar la colaboración por competición, sigue leyendo para dar los primeros pasos en el modo PvP.

¡YO QUIERO! ¿CÓMO ACCEDO A UN JUEGO PVP?

Buena pregunta. Primero, debes saber que el modo PvP puedes aplicarlo en CUALQUIER mundo. ¡Solo necesitas a más gente! Tienes varias opciones para empezar un modo multijugador o unirte a uno, y a continuación veremos las más sencillas para la Edición Piedra Base. Para ver más, visita **help.minecraft.net**.

CÓMO EMPEZAR

TU MUNDO, TUS REGLAS

Al crear un mundo, tendrás una serie de opciones para decidir cómo quieres que sea. También puedes editar los ajustes del mundo con el icono de Editar. Veamos algunas de las opciones para cambiar la forma en que tú y tus amigos podéis interactuar con el mundo.

MODO DE JUEGO

Elige entre creativo, supervivencia y aventura. Creativo es perfecto para construir Arenas. Cambia a supervivencia o aventura (impide que se rompan algunos elementos) cuando quieras luchar.

PERMISOS DEL JUGADOR INVITADO

Controla cómo los jugadores interactúan con el mundo. Lo mejor para el PvP es «miembro», que permite romper bloques y luchar contra mobs y otros jugadores.

FUEGO AMIGO

¡Ahora viene lo bueno! Esta opción determina si los jugadores pueden hacerse daño entre ellos en tu mundo. ¡Actívala cuando empiece el combate!

APARICIÓN DE MOBS

A menos que necesites mobs para tu partida, no te hacen ninguna falta. Activa esta opción para impedir que aparezcan.

Con tu mundo y tus amigos preparados para el reto, te preguntarás cómo convertirlo en una batalla PVP. Te daremos algunos consejos para que la lucha empiece con buen pie.

¿QUIÉN QUIERE JUGAR?

Si vas al apartado Multijugador del Menú de Ajustes, verás que hay más cosas que hacer. Primero, asegúrate de que seleccionas la opción Multijugador, ¡o nadie podrá entrar en tu mundo!

Luego, tendrás que cambiar los Ajustes de Cuenta Microsoft a «Solo amigos» —para que solo entren tus amigos en el sistema de tu elección— o «Amigos de amigos», para que ellos puedan traer a gente que no está en tu lista de amigos.

CREACIONES DE JUEGO PVP

ARENA

El modo PvP básico para luchar. Elige un arma, ponte la armadura y trata de diezmar la barra de salud de tu oponente antes de que te lo haga a ti. Para hacerlo más interesante, invita a más amigos, forma equipos o limita el inventario y así los jugadores adoptan estilos de juego distintos (para más información, lee la pág. 90).

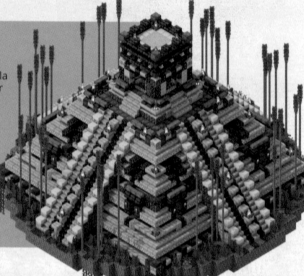

SPLEEF

El objetivo de spleef es ser el último jugador en caer a lo largo de varios niveles de bloques para destruir. No tienes por qué luchar contra los demás en este modo; bastante trabajo tendrás apuntando a los bloques bajo sus pies para hacerlos caer al nivel inferior. Los bloques del suelo pueden ser de materiales fáciles de destruir, como la lana.

Ha llegado el momento de hablar de los modos de juego PvP que puedes crear en tu mundo. Sea un combate de uno contra uno, una batalla de equipos o una prueba de velocidad o de ingenio, seguro que encuentras algo que te guste.

CARRERA DE ÉLITRO

Ponte un élitro, agarra unos fuegos artificiales y ¡a volar hasta la meta! Deberás cruzar las anillas que marcan el recorrido de la carrera, usando los fuegos artificiales para lanzarte en la dirección adecuada a una velocidad inimaginable para los que se quedan en tierra.

TIRO SOBRE RAÍLES

Si no te van las alturas, tal vez la carrera sobre raíles sea para ti. Este minijuego consiste en recorrer el circuito en un vagón minero, acertando a los objetivos para poner a prueba tu puntería en movimiento. El ganador es el primero en activar todos los objetivos. ¡Qué emocionante!

BATALLA EN EL CIELO

Más centrado en la construcción y la estrategia, este modo de juego es para los más pacientes. Cada jugador o equipo empieza en una isla flotante con recursos limitados, y debe fabricar y construir para llegar a otras islas, enfrentarse a oponentes y hacerse con sus recursos. O puede quedarse quietecito y tender una trampa...

TÁCTICAS DE LUCHA

PREPÁRATE BIEN

Si te enfrentas a otros jugadores en una Arena, cuenta con que irán bien acorazados y armados hasta los dientes, así que tú también deberás prepararte. No hay nada peor que empezar una batalla PvP y darte cuenta de que solo llevas una túnica de cuero y una espada de madera.

IGUAL QUE TÚ

Estarás acostumbrado a lidiar con mobs cuyas acciones son predecibles, pero el PvP no tiene nada que ver. Tu rival se moverá de forma errática, hará cosas que no tienen sentido y te atacará sin tregua. ¡Y tú puedes hacer lo mismo!

COMUNICACIÓN

Si compartes un mundo con amigos, sabrás lo que es jugar con otros y tal vez ya seas un as del trabajo en equipo. Sin embargo, PvP suele ser mucho más acelerado que construir un mundo increíble con tus amigos, y deberás comunicarte de una forma rápida y efectiva durante el combate para ir todos a una.

Sabemos que no es la primera vez que manejas la espada y el hacha, pero si el mundo PvP te intimida un poco, no tienes nada que temer —excepto a los tridentes que vayan a por ti—. Aun así, ahí van algunos consejos para empezar con buen pie.

TÁCTICAS CRÍTICAS

Puedes causar daño crítico con un arma cuerpo a cuerpo si saltas al golpear. Harás un 150 % más daño que con un golpe normal. Debes estar cayendo del salto, no subiendo, para asestar un golpe crítico, pero si lo consigues, ¡es mortal!

ATAQUE INDIRECTO

Si estás jugando en una zona muy espaciosa o formas parte de un equipo, puedes tender trampas que te protejan o que atraigan a tus rivales. Puedes atraparlos en una trinchera tras una pared de bloques para liquidarlos a distancia, o cargar dispensadores con todo tipo de proyectiles para proteger una zona estrecha.

RETIRADA A TIEMPO

No hay nada deshonroso en salir corriendo cuando la cosa se tuerce. A veces, una huida separa la victoria de la derrota. Un luchador inteligente sabrá esconderse, sanar y diseñar un nuevo plan de ataque antes de regresar a la batalla. Saber cuándo escapar es tan importante como el ataque y la defensa.

EL CAMPO DE BATALLA

ARCHIPIÉLAGO

En las 4 esquinas de la Arena están las islas del Archipiélago, bases flotantes de la batalla en el cielo.

FOSO DE GLADIADORES

Aquí es donde los guerreros luchan a muerte rodeados de espectadores.

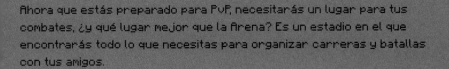

Ahora que estás preparado para PvP, necesitarás un lugar para tus combates, ¿y qué lugar mejor que la Arena? Es un estadio en el que encontrarás todo lo que necesitas para organizar carreras y batallas con tus amigos.

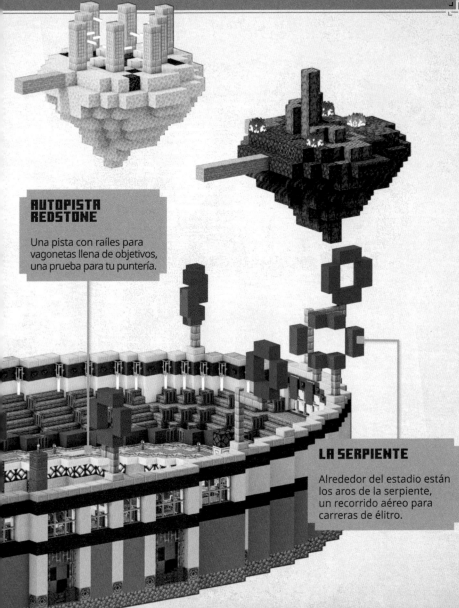

AUTOPISTA REDSTONE

Una pista con raíles para vagonetas llena de objetivos, una prueba para tu puntería.

LA SERPIENTE

Alrededor del estadio están los aros de la serpiente, un recorrido aéreo para carreras de élitro.

ESTRUCTURA

Su base ovalada central es un espacio amplio para luchar.

ASIENTOS

Las gradas de madera están construidas con escaleras. Hay asientos *premium* con apoyabrazos de trampilla.

ENTRADA

La plataforma de despegue de élitro está sobre la entrada oculta de los guerreros.

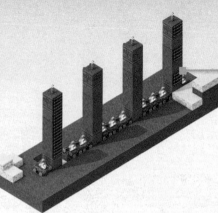

VERTICALIDAD

Los más ágiles podrán encaramarse a las torres de combate y luchar desde las alturas. Pero todo lo que sube tiene que bajar...

VESTUARIO

Bajo las gradas, hay una sala en la que los jugadores pueden elegir su equipación antes de empezar.

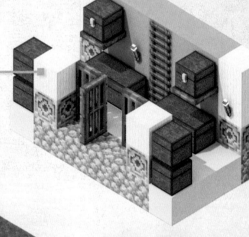

PUERTA DE CONTENCIÓN

Esta valla impide que se salga con ventaja, hasta puede contener mobs...

PELIGROS

El suelo de la Arena está plagado de obstáculos dañinos, tendrás que andarte con cuidado.

LA PISTA

Siguiendo la curva de la
Arena, la Autopista Redstone
está llena de raíles
y lámparas de redstone.

RAÍLES DOBLES

Las vías paralelas tienen distinta
longitud, así que la exterior tiene
más raíles propulsores para
compensar y equilibrar la velocidad.

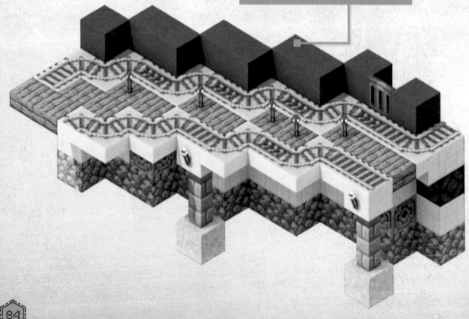

ENCIENDE LA LUZ

Si das en la diana, la lámpara de redstone sobre el bloque se encenderá. El primero en conseguir todos sus objetivos y en encender todas las lámparas gana.

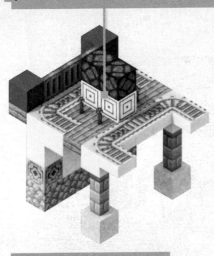

LISTO PARA DESPEGAR

Los participantes en las carreras de élitro salen de esta plataforma elevada, eso permite ganar velocidad gracias a la gravedad.

PILLA EL ANILLO

Los anillos que rodean la Serpiente tienen agujeros de 2x2, esto hace difícil atravesarlos rápido. Están a distinta altura, así que tu vuelo será de todo menos tranquilo.

NUEVA DIMENSIÓN

Los anillos horizontales obligan a cambiar de dirección y sacrificar la inercia para atravesarlos.

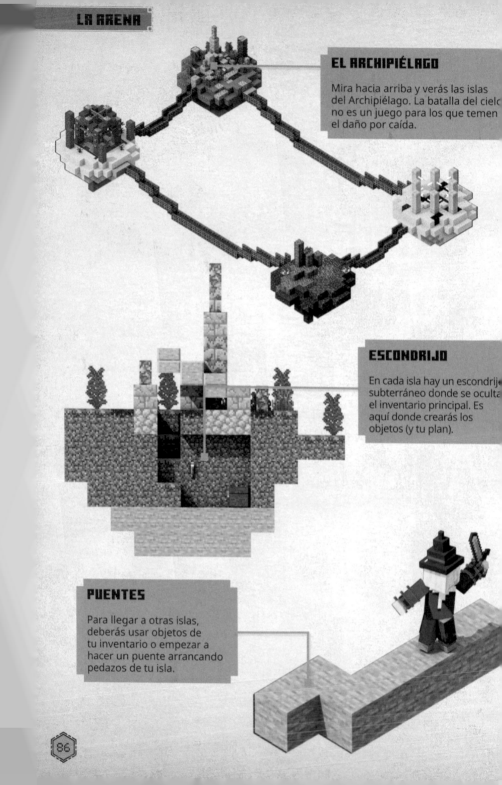

EL ARCHIPIÉLAGO

Mira hacia arriba y verás las islas del Archipiélago. La batalla del cielo no es un juego para los que temen el daño por caída.

ESCONDRIJO

En cada isla hay un escondrijo subterráneo donde se oculta el inventario principal. Es aquí donde crearás los objetos (y tu plan).

PUENTES

Para llegar a otras islas, deberás usar objetos de tu inventario o empezar a hacer un puente arrancando pedazos de tu isla.

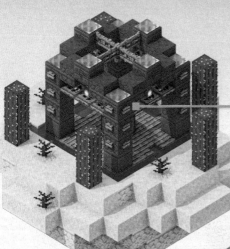

ISLA DESIERTA

Llena de arena y cactus cubiertos de pinchos, la Isla Desierta es el lugar perfecto para tender una trampa.

VERGEL

Este paraíso idílico tiene muchos bloques fáciles de minar que te ayudarán a llegar rápidamente a otras islas.

INFRAMUNDO

En esta isla hay bloques que pueden fácilmente dañar a los jugadores, tendrás que andarte con mil ojos.

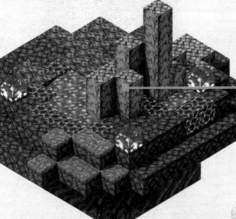

EL PUNTO DEL FIN

Aunque aquí no hay muchos bloques útiles para minar, encontrarás mucha obsidiana para resguardarte.

ELIGE A TU LUCHADOR

NUEVAS FORMAS DE JUGAR

Si crees que partes con desventaja con menos bloques y objetos a tu alcance, piensa que los demás están igual. Si todos tenéis limitaciones en armas y armadura, estaréis al mismo nivel y tal vez te inspire nuevas estrategias para luchar.

¿CÓMO AÑADO MI SELECCIÓN?

Es muy fácil hacerlo en modo creativo —antes de volver al modo batalla, claro—: selecciona los objetos de cualquier clase de tu inventario creativo y colócalos en un «cofre de clase» especial. Cada jugador elegirá un cofre al azar para seleccionar su clase. Los muy espabilados pueden poner su traje en un soporte de armadura.

CONSEJO

¡Experimenta! No tienes por qué limitarte a las clases que verás aquí. Prueba con distintas selecciones para crear tu propia versión para la batalla. Procura solo que el combate sea justo y que tu selección esté equilibrada.

¿Crees que no haces más que repetir siempre las mismas tácticas?
¿Te has cansado de blandir tu vieja hacha en todas las batallas PvP?
¿Por qué no te renuevas adoptando una clase, con una selección y equipo
determinados para luchar de una forma nueva y emocionante?

ELEMENTOR

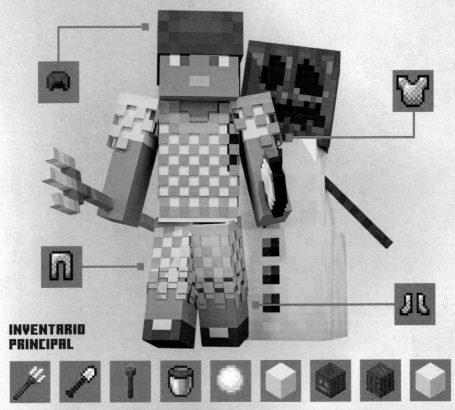

INVENTARIO PRINCIPAL

Con el poder de los elementos a su alcance, esta clase tiene el apoyo de las fuerzas de la tierra. Con el tridente invoca relámpagos y golems de nieve que lo ayudarán, y su dominio de la nieve (y las palas) pueden tender trampas que sus enemigos ni se olerán. ¡Ah, además respira bajo el agua!

VALQUIRIA

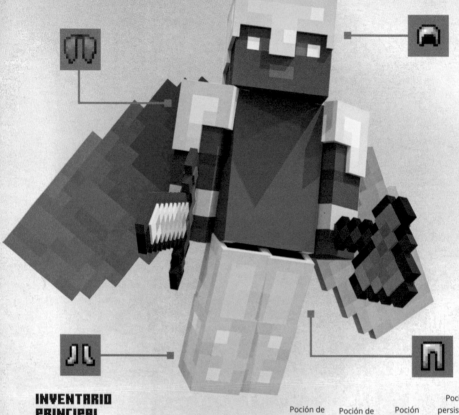

INVENTARIO PRINCIPAL

| | | | | | Poción de Caída lenta | Poción de Fuerza | Poción de Salto | Poción persistente de Debilidad |

¿Es un pájaro? ¿Es un avión? No, es valquiria de guerra que se lanza a la batalla en picado, blandiendo una espada encantada con aspecto fuego que hará arder a sus enemigos. Luego, construirá una plataforma de despegue con un pistón y un bloque de slime para volver al cielo y buscar a su siguiente presa. También tiene otras armas secundarias para el cuerpo a cuerpo.

ADIVINO

Llegado del cielo para ayudar a los combatientes modestos, el Adivino es una clase de apoyo perfecta. Con sus flechas con punta ayuda a sus amigos en el campo de batalla, y con su arco encantado con Infinidad, nunca se quedará sin munición. Además, su tótem de la inmortalidad le dará otra oportunidad si las cosas no le van bien.

INVENTARIO PRINCIPAL

Flecha	Flecha de Salud	Flecha de Regeneración	Flecha de Salto	Flecha de Fuerza		Poción de Regeneración	

PIROMANTE

INVENTARIO PRINCIPAL

Poción de
Resistencia
ígnea

Este guerrero con cabeza de dragón parece terrorífico... ¡y lo es! Tiene muchos ases explosivos en la manga, puede equipar lanzadores de bolas de fuego manuales con dispensadores, palancas y cargas ígneas, o tender trampas letales con dinamita y placas de presión. Tendrás suerte si consigues acercarte lo suficiente como para que te atice con su espada del Inframundo.

ALQUIMISTA

INVENTARIO PRINCIPAL

	Pocíon persistente de Veneno	Pocíon persistente de Debilidad	Pocíon arrojadiza de Lentitud	Pocíon arrojadiza de Putrefacción	Pocíon del maestro tortuga

El Alquimista ha pasado mucho tiempo trasteando con metales, encantamientos y pociones y ha usado su magia para crear su armadura y hacha de oro a partir de piedras básicas. En el campo de batalla prefiere quedarse al margen, arrojando pociones de todo tipo a amigos y enemigos y sembrando el caos con su arsenal de brebajes.

ADIÓS

Bueno, ¡hay que ver! Ya eres un guerrero curtido con fuego en la mirada. Esperamos que ahora recorras el Mundo Principal con más confianza, o entres en la Arena con la mente puesta en la victoria.

Lo que has aprendido en las páginas de este libro va más allá del combate. Tal vez hayas descubierto nuevas formas de hacer pociones o encantamientos que te llevarán a vivir muchas aventuras. Tal vez incluso veas a los ghasts con otros ojos. Y, por supuesto, has aprendido un montón sobre el combate.

Igual que con cualquier nueva habilidad, tendrás que practicar mucho para desarrollar tu potencial como luchador. Pero no olvides que te esperan derrotas por el camino, ¡y muchas, además! Recuerda que ningún luchador ha llegado a ser grande sin llevarse algunos golpes. Lo más importante es levantarse y volverlo a intentar.

Muy bien, ya basta de andarse por las ramas. Agarra la espada, ponte la coraza y...

¡A PASARLO BIEN!

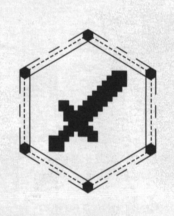